Inhalt

Rohstoff Uran - Renaissance des strahlenden Elements

Kernthesen

Beitrag

Fallbeispiele

Zahlen und Fakten

Weiterführende Literatur

Impressum

Rohstoff Uran - Renaissance des strahlenden Elements

Autor GENIOS BranchenWissen: A.Schneider

Kernthesen

- Ein Preisanstieg von über 400 Prozent in den vergangenen fünf Jahren hat den Brennstoff Uran wieder in die Schlagzeilen gebracht.
- Die Urannachfrage übersteigt die Fördermenge bei weitem; Hauptursache ist der Kernkraftboom in Asien. Das Primärmarktdefizit wird durch Abbau von Reserven ausgeglichen.
- Die drei großen Uran-Förderländer sind Kanada, Australien und Niger.
- Der weltweit größte Uranproduzent ist der kanadische Bergbaukonzern Cameco; als nächster Uranproduzent wird der

australische Konzern Paladin Resources gehandelt.
- An den Rohstoff- und Finanzmärkten stehen risikobereiten Anlegern immer mehr neue Uran-Investmentmöglichkeiten zur Verfügung.

Beitrag

Die Weltmarktpreise für Uran explodieren, die Nachfrage übersteigt das Angebot bei weitem, Bush, Blair & Co. sprechen sich pro Kernkraft aus, und in Thüringen träumen manche von einer goldenen Zukunft mit wieder auflebender Uranförderung.

"Yellow Cake" mit angeschlagenem Image

Uran ist neben Öl, Gas und Kohle der vierte der großen Energierohstoffe. Das goldfarbene Vorprodukt, aus dem Strom und Wärme erzeugt werden kann, wird auch "Yellow Cake" genannt. Als Energieträger hatte Uran in Deutschland im vergangenen Jahr einen Anteil von 12,5 Prozent. Uran zählt zu den metallischen Rohstoffen (wie auch Buntmetalle; Aluminium, Titan, Kupfer, Blei, Zink,

Zinn, Aluminium). Es kommt in der Natur nicht als reines Metall vor, sondern in Form von über 200 Verbindungen, ist giftig und radioaktiv. Das Uranisotop 235U gilt als das einzige natürlich vorkommende, spaltbare Material. Es kann je nach Grad der Anreicherung zur Stromgewinnung oder zum Bau von Atomwaffen verwendet werden. Spätestens seit Tschernobyl ist die Kernkraft weitgehend verpönt. Auch aufgrund des radioaktiven Abfalls und des daraus resultierenden Problems der Endlagerung hat sie viele Feinde. Und nicht zuletzt fürchten viele das Risiko der Proliferation, also der geheimen Abzweigung von Plutonium für Atomwaffen. Einer Studie zufolge sprechen sich 55 Prozent der Europäer gegen und 37 Prozent für eine Nutzung der Kernenergie aus. (1)

Preisrallye auf dem Uranmarkt

Dennoch: Uran ist derzeit in! Die Preisentwicklung zeigt es deutlich. Und im Grunde ist es kein Wunder: der hohe Ölpreis hat einen steigenden Uranpreis im Schlepptau. Nachdem Uran lange Zeit ein Schattendasein führte, hat ein Preisanstieg von über 400 Prozent in den vergangenen fünf Jahren den Brennstoff wieder in die Schlagzeilen gebracht. Letztmals war es Anfang der achtziger Jahre, als der

Uranpreis seinen Höchststand von mehr als 110 US-Dollar erreicht hatte. Dann allerdings folgte eine Tiefpreisphase in den neunziger Jahren, und bis 2002 war der Uranpreis auf sein historisches Tief von acht US-Dollar gefallen. Atomraketen waren nach dem Ende des Kalten Kriegs verschrottet worden, und seit Tschernobyl 1986 war die Kernkraft nicht mehr angesagt.
Inzwischen hat eine Trendwende eingesetzt, die sich auch im Preis für den Brennstoff widerspiegelt. Notierte er 2003 noch bei zehn US-Dollar je Pound, so sind es heute bereits 46 Dollar. Und die Experten rechnen mit einem in den nächsten vier bis fünf Jahren weiter hohen oder sogar ansteigenden Uranpreis, 100 US-Dollar je Pound scheinen nicht unerreichbar.
Zurückzuführen ist die Uranpreisrallye auf ein einfaches volkswirtschaftliches Phänomen: die Nachfrage übersteigt das Angebot. Und knappe Güter sind bekanntlich teuer.

Nachfrage: Fast doppelt so hoch wie Fördermenge

Bereits seit einigen Jahren wird der Rohstoff von der Atomindustrie in fast doppelt so großen Mengen verbraucht wie gefördert.

Derzeit werden in den weltweit existierenden 444 Kernkraftwerken jährlich über 70 000 Tonnen Uran verbraucht. Bis 2010 soll der Bedarf auf über 75 000 Tonnen zulegen. Dagegen werden in den Uranminen derzeit rund 40 000 Tonnen Millionen Tonnen primär produziert. Bis 2010 sollen es über 50 000 Tonnen sein. Dieses Primärmarktdefizit wird geschlossen, indem wieder aufbereiteter Brennstoff genutzt wird, russische Atomraketen abgebaut oder aber militärische Reserven aus den Zeiten des Kalten Kriegs in den 50er und 60er Jahren aufgebraucht werden. Letztere Bestände neigen sich wohl allmählich dem Ende zu. Die Schätzungen und Aussagen, wie lange die Uranvorräte der Welt reichen werden, gehen weit auseinander - von 50 bis 200 Jahre und darüber hinaus. (2), (3)

Kernkraftboom in Asien und zunehmende Anhängerschaft in Europa

Weltweit greifen 32 Länder zur Energieversorgung auch auf die Kernkraft zurück. Derzeit deckt die Kernkraft 15 Prozent des europäischen Energiebedarfs; in wenigen Jahren soll es ein Fünftel des weltweiten Bedarfs sein.

Die Liste der Länder, die künftig viel Strom und Wärme brauchen, sich aber nicht noch mehr vom immer knapper und teurer werdenden Öl abhängig machen wollen, weitet sich aus. Heute sind weltweit 444 Reaktoren in Betrieb, 200 davon stehen in Europa, 100 in den USA. Die Anzahl der Kernkraftwerke soll sich in den nächsten zwanzig Jahren verdoppeln, so die Schätzungen der World Nuclear Association (WNA).
Kürzlich gingen zwei Anlagen in Japan und je eine in China und Indien ans Netz. In Indien wird intensiv am Bau von neun neuen Reaktoren gebaut. China und Indien wollen bis 2020 ihre Kapazitäten bei der Kernenergie vervierfachen. In den asiatischen Schwellenländern werden derzeit insgesamt 30 neue Kernkraftwerke gebaut, weitere 40 befinden sich in Planung. Russland will den Anteil der Kernkraft an der Stromproduktion von 16 Prozent auf 25 Prozent anheben.
Doch die Atomkraft boomt nicht nur in Asien. Im weltweiten politischen Geschehen liefern neuerdings auch immer mehr Politiker ein Plädoyer pro Kernkraft ab, die bisher eher verhalten waren. So erscheint selbst US-Präsident Bush, seines Zeichens eingefleischter Ölanhänger, die friedliche Nutzung der Kernkraft als "ein guter Weg" und Kollege Blair will die Kernkraftnutzung auf der Insel ausweiten. Auch im restlichen Europa verleiht die zunehmende Angst vor der Abhängigkeit von ausländischen Öl-

und Gaslieferanten der Pro-Kernkraftfraktion Flügel. Finnland errichtet ein neues Kraftwerk, die drei baltischen Staaten wollen ein gemeinsames neues Kraftwerk bauen.
Auch Frankreich, Rumänien, die Niederlande und Belgien fahren einen zunehmend kernkraftfreundlichen Kurs.
Restriktiver ist Schweden; in Dänemark, Griechenland, Italien, Irland, Luxemburg, Malta, Österreich und Portugal wird die Kernenergie nicht genutzt. (4)
Deutschland schwimmt noch gegen den Strom. Halten wir auch weiterhin am Atomausstieg fest, wären wir im Jahre 2020 kernkraftfreie Zone.

Angebot: starke Marktregulierung verzögert Ausweitung der Förderung

Die Angebotsseite kann derzeit die große Nachfrage nicht befriedigen. Zwar wird seit zwei, drei Jahren die Suche nach natürlichem Uran wieder vorangetrieben, doch eine Ausweitung der Förderung geht nicht von heute auf morgen. Der Uranmarkt ist ein stark regulierter Markt. Es ist nicht einfach, neue Minen zu eröffnen. In Australien etwa ist die Eröffnung neuer

Minen verboten allerdings soll dieses Verbot aufgehoben werden. Auch Russlands Atommarkt ist stark reguliert und für ausländische Investoren geschlossen.
Dennoch: Viele Unternehmen sind inzwischen in Goldgräbermanier auf Uransuche. Neue Lagerstätten werden exploriert, neue Minen geplant. Bis allerdings die Förderung in nennenswertem Umfang ausgeweitet ist, wird noch einige Zeit vergehen. Während die einen damit rechnen, dass sich ab etwa 2010 Angebot und Nachfrage die Waage halten, gehen andere von einer weiteren Verknappung des Marktes nach 2013 aus. (5)

Die größten Uranförderer

Die drei großen Uran-Förderländer sind Kanada mit einem Anteil von 28 Prozent (in 2004), Australien (23 Prozent) und Niger (8 Prozent). Gut zwei Millionen Tonnen oder 60 Prozent der weltweiten Lagervorräte warten dort auf ihre Ausbeutung. Weitere große Vorräte liegen in Kasachstan, Russland, USA, Südafrika und Namibia.
Die größte Lagerstätte der Welt liegt im australischen Outback, in Olympic Dam. Dort liegt ein Drittel aller bekannten Uranvorkommen in der Erde.
Die derzeit größte und reichste Uran produzierende

Region der Erde ist das Athabasca-Becken in der kanadischen Provinz Sasketchewan. Seit 1968 sind dort 18 Uranvorkommen entdeckt worden, die zusammengezählt mehr als eine Milliarde Pfund ausmachen. Die größte Uranmine dort ist die McArthur River-Mine mit einer Minimalressourcenbasis von derzeit 461 Millionen Pfund mit 23 Prozent U_3O_8.

Der weltweit größte Uranproduzent ist der kanadische Bergbaukonzern Cameco. [Abb.1] Rund 18 Prozent des gesamten weltweiten Uran-Angebots werden in der McArthur-River-Mine in Saskatchewan produziert. Der Börsenwert von Cameco hat sich seit 2002 verzehnfacht.
Zahlreiche Explorationsunternehmen, also Uransucher, arbeiten daran, wirtschaftlich ausbeutungsfähige Vorkommen zu finden und zu erkennen. Der australische Konzern Paladin Resources beispielsweise wird als der nächste Uranproduzent gehandelt. Gegen Ende 2006 könnte die erste Förderung des Metalls beim Projekt Langer Heinrich in Namibia erfolgen. Bereits 2008 soll das zweite Projekt, Kayelekera in Malawi, ebenfalls in Produktion gehen. Noch hat Paladin zwar kein einziges Gramm Uran gefördert, aber die Investoren sind bereits voller Vorfreude und der Aktienkurs von Paladin hat sich in den vergangenen zwei Jahren um fast 8 000 Prozent vervielfacht. (3)

Deutschlands Uranvergangenheit

Auch Deutschland hat eine durchaus nennenswerte Uranvergangenheit. Uran wurde in der Sächsischen Schweiz (Königstein), in Dresden (Coschütz-Gittersee), im Erzgebirge (Schlema, Schneeberg, Johanngeorgenstadt, Pöhla) und in Ostthüringen (Ronneburg) durch die SDAG Wismut abgebaut. Die DDR war seinerzeit drittgrößter Uranhersteller der Welt und versorgte die sowjetische Atomwirtschaft seinerzeit mit insgesamt 220 000 Tonnen Uran.
Neuerdings scheint man in Ostthüringen und Westsachsen sogar über die grausigen Schatten der Uranvergangenheit zu springen und träumt von einer besseren Zukunft mit neuen Arbeitsplätzen dank auflebender Uranförderung. Vorräte wären jedenfalls noch reichlich da: Laut Internationaler Atomenergiebehörde lagern dort noch immer rund 170 000 Tonnen Uran. Doch ob die hiesigen Politiker soweit gehen werden und die inzwischen zu Kuranlagen und Landschaftsparks erblühten ehemaligen Untertagestollen re-rekultivieren, um wieder Uran ans Licht zu bringen, erscheint äußerst fraglich. (5)

Kapitalmarkt: Uran als attraktive, hochspekulative Anlagemöglichkeit entdeckt

An den Rohstoff- und Finanzmärkten wird längst darauf spekuliert, dass die Kernkraft in den kommenden Jahren einen neuen Boom erleben wird. In der Vergangenheit gab es vergleichsweise wenige Anlagemöglichkeiten, denn der Uranmarkt wird von der Politik gewollt abgeschottet und kontrolliert. Doch inzwischen stehen willigen Anlegern immer mehr neue Investmentmöglichkeiten zur Verfügung. Mutige, teils sehr spekulative Anleger legen sich hoffnungsvolle Einzelaktien von Uranproduzenten und Explorationsunternehmen ins Depot.
Bis vor kurzem gab es weltweit nur eine einzige Uran-Investmentgesellschaft, die Uranium Particiation Corporation, die von Denison Mines Incorporated gemanagt wird.
Seit 21. Juli notiert die britische Aktiengesellschaft Nufcor Uranium Ltd an der AIM, dem Zweitsegment der London Stock Exchange. Das Unternehmen investiert direkt in Urankonzentrat U308. Die Muttergesellschaft Nufcor International gehört AngloGold Ashanti und der FirstRand Bank und ist der einzige Vermarkter für südafrikanisches Uran. Eine weitere Anlagemöglichkeit bietet beispielsweise

der neue Investmentfonds GCL, den die Geiger Counter Limited an der Londoner Börse aufgelegt hat. Er hat eine Kapitalbasis von 12 Mill. Pfund Sterling angesammelt und investiert in Aktien von Uranproduzenten und Uran-Explorationsgesellschaften.
Eine andere Alternative ist das Uranzertifikat UBS, Uranium Basket 2, in dem zehn Uranaktien zusammengefasst sind. (2)

Ausblick: hoher Uranpreis könnte teure Zukunftsprojekte rentabel werden lassen

Wenn sich alle optimistischen Prognosen bestätigen und Urannachfrage und preis dauerhaft hoch bleiben, dann könnten eines Tages derzeit eher unrealistisch erscheinende Projekt-Szenarien eintreten. So etwa könnte Uran aus Phosphatlagerstätten gewonnen werden. Sogar aus Meerwasser könnte man den Brennstoff erzeugen. Und auch der Schnelle Brüter, der leistungsstärkste und auch risikoreichste Reaktortyp, könnte bei der Urannutzung zum Einsatz gelangen.
Und der Kernreaktor der so genannten vierten Generation könnte ab circa 2040 in Betrieb gehen.

Dreizehn Staaten, Kanada, Südkorea, Japan, Argentinien, Brasilien, Südafrika, Frankreich, Großbritannien, die Schweiz, die USA, Euratom für die EU sowie jüngst auch Russland und China, forschen an einem neuen Reaktortyp. Er soll einen anderen Brennstoffmix nutzen, in dem sich nicht nur Uran als Spaltmaterial befindet, sondern auch hochradioaktive Isotope aus abgebrannten Brennstäben. Der Vorteil: Die radioaktiven Abfälle sollen dann durch schnelle Neutronen zu weniger problematischen Substanzen umgewandelt werden. Sie strahlen dann nicht mehr 100 000 Jahre, sondern nur noch rund 2 000 Jahre. (1)

Fallbeispiele

Die aktuellen politischen Krisenherde halten die Welt auch unter dem Aspekt Kernkraft nahezu permanent in Atem. Dabei wird nicht immer mit einerlei Maß gemessen. Während Indien, Atommacht und Atomwaffensperrvertragsverweigerer, inzwischen quasi als Atommacht anerkannt wird und sogar in den Genuss einer zivilen Nuklearkooperation mit den USA kommt, beäugt man Pakistan und Nordkorea deutlich skeptischer, und dem Iran misstraut man total und arbeitet intensiv daran, seine Möglichkeiten zur Anreicherung von Uran einzuschränken.

Iran ignoriert UN-Resolution und will weiterhin Uran anreichern

Der Iran wird seit etlichen Jahren verdächtigt, an Atomwaffen zu arbeiten. Bereits seit 2003 steht zweifelsfrei fest, dass das Land gegen den Atomwaffensperrvertrag verstoßen und Uran angereichert hat. Inzwischen betreibt der Iran mindestens eine so genannte Kaskade von 164 hintereinander geschalteten Zentrifugen, in denen Urangas angereichert wird. Bis Ende des Jahres will Iran 3 000 Zentrifugen in Betrieb haben. Außerdem versucht das Land angeblich, in Tansania waffenfähiges Uran zu kaufen. Die UN-Staatengemeinschaft versucht den Iran dazu zu bewegen, sein Programm zur Uran-Anreicherung einzustellen. Bislang ohne Erfolg. Die Resolution, die der UN-Sicherheitsrat am 31. Juli beschlossen hat und in der dem Iran Sanktionen angedroht werden, wenn es sein Programm bis zum 31. August nicht einstellt, schlagen die führenden Sprecher des Iran in den Wind.
Ob sich tatsächlich in naher Zukunft die Politbühne zu ernstzunehmenden wirtschaftlichen Sanktionsmaßnahmen entschließt, darf bezweifelt

werden. Denn keiner wird vergessen, dass der Iran der viertgrößte Ölexporteur der Welt ist. Und beim Öl und Ölpreis hört der Spaß auf, wie wir in diversen Ölkrisen bereits gelernt haben. (6), (7)

Pakistan weitet seine nuklearen Kapazitäten deutlich aus

Auch in Südasien sind einige nuklearen Fronten derzeit offen. So hat nach Erkenntnis amerikanischer Experten Pakistan damit begonnen, seine nuklearen Kapazitäten deutlich auszuweiten. Das Land soll an einer neuen Plutoniumanlage bauen, die Plutonium für 40 bis 50 Atomsprengköpfe liefern könnte. Pakistan gehört nicht dem Atomwaffensperrvertrag an und hat zurzeit mehr als 30 uranbasierte Atombomben. (8)

Indiens Vertragsabschluß mit USA und damit Anerkennung als Atommacht rückt näher

Auch Indien verfügt über Atomwaffen und hat den Beitritt zum Atomwaffensperrvertrag stets verweigert.

Doch hier scheinen die Bedenken geringer und die Akzeptanz inzwischen größer geworden zu sein. Ende Juli hat das amerikanische Repräsentantenhaus mit 359 gegen 68 Stimmen den seit längerem diskutierten Atompakt mit Indien befürwortet. Indien will fortan sein ziviles und sein militärisches Atomprogramm trennen und mehr Kraftwerke kontrollieren lassen als bisher. Die USA ihrerseits können nun zivile amerikanische Nukleartechnik nach Indien verkaufen. (9)

Nordkorea reizt wieder

Die Nordkoreaner haben ihr seit Wochen anhaltendes trotziges Schweigen zum Thema Atomkraft inzwischen gebrochen. Nordkorea war 2003 aus dem Atomwaffensperrvertrag ausgetreten und brüstet sich nun mal mehr, mal weniger laut damit, über Atomwaffen zu verfügen. (10)

Zahlen & Fakten

Uran-Unternehmen nach Marktwert in Millionen Euro

Name	Land	Marktwert in Millionen Euro	Bemerkung
Cameco	Kanada	6.873	größter Uranförderer der Erde
Paladin Resources	Australien	549	große Projekte in Namibia
Aflease Gold and Ur.	Südafrika	245	Übernahme der Southern Cross
Denison Mines	Kanada	235	Beteiligung an mehreren Projekten
Fronteer Development	Kanada	111	Explorationen in Kanada; Goldprojekte
Western Prospector	Kanada	106	Explorationen in der Mongolei
Strathmore Minerals	Kanada	53	100 Mio. Pound Ressourcen
Dejour Enterprises	Kanada	17	Explorationsstadium in Kanada
Solex Resources	Kanada	5	frühes Explorationsstadium in Peru

Quelle: Focus

Entnommen aus:
http://focus.msn.de/finanzen/aktien/uranaktien/aussic
aktien_aid_17946.html

Weiterführende Literatur

(1) Kernenergie ist grün 55 Prozent der EU-Bürger sind gegen eine Nutzung der Kernenergie - Neue Reaktorgeneration soll Problem der Endlagerung lösen
aus DIE WELT, 22.07.2006, Nr. 169, S. W3

(2) Uran lockt die Anleger
aus Handelsblatt Nr. 136 vom 18.07.06 Seite 27

(3) Heinritzi, Johannes, Der Ölpreis-Anstieg - Profiteur: Uran Uran Weltweit gefragt, FOCUS-MONEY, 26.07.2006, Ausgabe 31, S. 016-017
aus Handelsblatt Nr. 136 vom 18.07.06 Seite 27

(4) Asien baut aus
aus Süddeutsche Zeitung, 10.08.2006, Ausgabe Deutschland, S. 6

(5) Bölsche, Jochen, Brennstoff für die Ewigkeit?, SPIEGEL special, 18.07.2006, Nr. 5, Seite 42
aus Süddeutsche Zeitung, 10.08.2006, Ausgabe Deutschland, S. 6

(6) Streit seit 2002 Chronik: Konflikt um Irans Atomprogramm
aus HANDELSBLATT online 31.07.2006 18:58:25

(7) Iran will Urananreicherung forcieren Unterhändler Laridschani weist Forderung nach Einstellung und Ultimatum des Sicherheitsrats zurück
aus Financial Times Deutschland vom 07.08.2006, Seite 12

(8) Spang, Thomas, Pakistan baut offenbar Atompotenzial aus, Rhein-Zeitung vom 25.07.2006
aus Financial Times Deutschland vom 07.08.2006, Seite 12

(9) US-Repräsentantenhaus billigt Atompakt mit Indien
aus Süddeutsche Zeitung, 28.07.2006, Ausgabe Deutschland, S. 8

(10) Nordkorea stichelt wieder
aus Neue Zürcher Zeitung, 06.07.2006, Nr. 154, S. 3

Impressum

Rohstoff Uran - Renaissance des strahlenden Elements

Bibliografische Information der deutschen Nationalbibliothek

Die Deutsche Nationalbibliothek verzeichnet diese Publikation in der deutschen Nationalbibliografie; detaillierte bibliografische Daten sind im Internet über http://dnb.d-nb.de abrufbar.

ISBN: 978-3-7379-2332-3

© 2015 GBI-Genios Deutsche Wirtschaftsdatenbank GmbH, Freischützstraße 96, 81927 München, www.genios.de

Alle Rechte vorbehalten. Dieses Werk ist einschließlich aller seiner Teile – z.B. Texte, Tabellen und Grafiken - urheberrechtlich geschützt. Jede Verwertung außerhalb der Grenzen des Urheberrechtsgesetzes bedarf der vorherigen Zustimmung des Verlags. Dies gilt insbesondere auch für auszugsweise Nachdrucke, fotomechanische Vervielfältigungen (Fotokopie/Mikroskopie), Übersetzungen, Auswertungen durch Datenbanken oder ähnliche Einrichtungen und die Einspeicherung und Verarbeitung in elektronischen Systemen.